LIBERTÉ, ÉGALITÉ.

FÊTES NATIONALES.

EXTRAIT

Du Regiſtre des Délibérations de l'Adminiſ-tration centrale du Département de l'Aube,

Séance publique du 2 Nivôſe an VII de la République Françaiſe, une & indiviſible avant-midi.

LE Commissaire du Directoire exécutif a dit :

CITOYENS ADMINISTRATEURS,

L'époque arrive où tous les Fonctionnaires publics, réunis aux Citoyens, doivent, à la face du ciel, renouveller, sur les débris du trône et au milieu des ruines des préjugés qui lui servaient de base, le serment d'être à jamais fidèles à la République et à la constitution de l'an III. Cette fête doit porter avec elle le caractère auguste qui convient à une solemnité qui rappelle à l'homme la dignité de son être, et aux traîtres, la puissance d'un peuple qui a juré d'être libre, qui a scellé de son sang ses sermens, et qui les maintiendra par sa sagesse.

A

(2)

Le Directoire exécutif, par son arrêté du 3 de ce mois, vous prescrit des mesures qui, pour être efficaces, doivent être préparées par le concours des bons citoyens, et avec la maturité de la réflexion. Je requiers que, dès-à-présent, vous preniez à cet égard la décision que vous jugerez la plus convenable pour déterminer et préparer les solemnités de cette journée.

Ce jour qui nous rappelle une des époques mémorables de la Révolution, me ramène naturellement à l'exécution de la loi du 3 Brumaire an IV, qui, en perpétuant le souvenir des évènemens qui ont illustré l'enfance de la liberté ; a consacré par des fêtes publiques, les vertus qui honorent l'humanité, et les arts bienfaisans qui font la gloire et la prospérité des peuples libres. J'appellerai aussi votre attention sur la coupable négligence et l'apathie déshonorante des Magistrats qui, abandonnant l'exécution des lois des 17 Thermidor et 13 Fructidor an VI, laissent aux suppôts du sacerdoce et aux vieux amis du trône, les moyens de ressaisir une influence dangereuse. Cette vérité dont la correspondance habituelle de mes collègues me confirme journellement l'authenticité, exige que vous réveilliez leur zèle. Je vous inviterai enfin à régulariser par un sage réglement, les mouvemens de ceux qui, par une exagération mal-entendue, d'une institution bienfaisante, font une mesure de contrainte et un moyen de tourment préjudiciable et contraire aux intentions du Gouvernement. Il est réservé à la sagesse de votre administration, Citoyens, de faire germer dans les cœurs de vos administrés, les idées d'une philantropie douce et raisonnée qui assurent l'exécution des lois des 3 Brumaire an IV, 17 Thermidor et 13 Fructidor an VI : il vous appartient de tracer le plan général des réunions populaires et des fêtes nationales. C'est ainsi qu'en posant les bases de l'édifice de notre régénération politique, vous éleverez, sur les ruines du fanatisme, un temple à la Liberté régénératrice des Français.

Développons les nobles sentimens de la gloire, réveillons l'enthousiasme des vertus publiques parmi cette jeunesse, brillant espoir de la patrie. Rendons cher à tous les cœurs sensibles ce lien puissant qui unit, par les nœuds de l'amour conjugal et de l'estime réciproque, de vertueux époux. Brûlons notre encens à la Reconnoissance ; qu'elle devienne une vertu populaire, puisqu'elle est la base des vertus sociales. L'agriculture nourrit l'homme et le rend heureux par le travail. L'empereur de la Chine lui rend un hommage public, en traçant, chaque année, de ses mains un sillon. Honneur est dû dans les Républiques au paisible et vertueux cultivateur. La liberté brisa nos fers, les préjugés croûlèrent avec le trône ; un tyran subalterne tenta par suite de s'élever sur ses débris. Son poignard assassin tomba de ses mains sanglantes. Hommage soit rendu à la liberté protectrice de nos droits. Célébrons a jamais les époques mémorables des 9 et 10 Thermidor. Le vieillard qui traverse la vie avec le calme de la vertu, qui, après avoir donné des enfans à la patrie, les élève pour elle, ne mérite-t-il pas le juste tribut de nos éloges, ne lui devons-nous pas un véritable culte ?

L'intention du législateur en promulguant la loi du 17 Thermidor an VI, a été de faire co-ordonner les jours de repos avec le calendrier républicain, *Cette sage et juste division du temps laisse à tous les genres de travaux assez de latitude pour concilier les intérêts de tous les individus :* mais il ne suffisoit pas de consacrer au repos réparateur des forces, le décadi ; *en déterminant les jours de repos*, remarque judicieuse et philosophique du Ministre de l'Intérieur, *le Législateur ne les a pas consacrés à l'oisiveté ; l'oisiveté ne délasse pas, elle engourdit l'ame et le corps. . . . C'est au sein des plaisirs que la vertu procure, parmi les affections douces et les sensations morales ; c'est là que l'ame se retrempe ; qu'elle recouvre sa vigueur ; qu'elle reprend son énergie, et que par les jouissances qu'elle goûte, elle communique aux facultés physiques le délassement véritable et le repos qui les ranime.* C'est donc une pensée sublime et philosophique que celle de réunir, dans une enceinte auguste, au milieu des magistrats du peuple, sous les yeux des vieillards vénérables, des défenseurs de la patrie, blessés dans les combats, de cette jeunesse intéressante dont les premiers sentimens doivent être consacrés à l'amour de leur pays, et des instituteurs chargés de développer le germe des vertus et des talens qui doivent assurer son bonheur, de réunir, dis-je, les citoyens, pour les instruire de leurs devoirs, les former à la vertu par le récit des traits d'héroïsme qui honorent l'humanité ; leur présenter l'image du bonheur en solemnisant la célébration du mariage, enfin, de faire germer dans le cœur des Français l'enthousiasme de la gloire, en mettant en honneur, par l'attrait du plaisir et des récompenses, les exercices gymniques qui favorisent le développement des forces physiques et l'embellissement du corps. Je finis en disant avec le Ministre de l'Intérieur, *qu'il est de votre gloire de consolider une institution dont le but est de rendre les Citoyens plus dignes de la liberté, et plus heureux par elle.* Vous rencontrerez, dans l'exécution, des obstacles que votre courage peut seul surmonter. Le plus puissant est la force de l'habitude, consacrée par un antique usage, et cette haine déraisonnable contre les innovations les plus utiles, qui a lieu, si-tôt que notre moral change, si je puis parler ainsi, de position. Des hommes adroits, toujours là pour mettre à profit notre foiblesse et nos erreurs, des hommes perfides pour qui les convulsions politiques sont un bonheur, et qui cherchent sans cesse à les exciter, se réuniront peut-être, les uns pour défendre et consacrer leur influence, les autres pour exciter des troubles. C'est de vos efforts sagement combinés avec la marche lente de l'esprit humain, pour la génération présente, c'est par les progrès rapides des lumières dont le foyer est entretenu dans les établissemens consacrés à l'éducation, pour la génération future, c'est en vous emparant de l'enfance, avant qu'elle soit corrompue par les préjugés, que vous briserez les torches du fanatisme ; que vous arracherez aux hommes ignorans le bandeau de l'erreur, et aux séducteurs qui les nourrissent d'illusions, le masque de l'hypocrisie. Ainsi vous ramenerez vos concitoyens à leurs véritables intérêts. Souvenez-vous, Citoyens Administrateurs, que la persuasion est toujours plus active que la contrainte, et que l'instruction est le bouclier contre lequel viennent se briser les traits de l'ignorance et des préjugés. Rappellez-vous sans cesse que l'établissement des Fêtes nationales est le complément de l'éducation et l'appui des institutions républicaines: vous êtes déjà convaincus que c'est dans les réunions populaires que naissent ces nobles passions qui aggrandissent l'ame et perfectionnent les hommes.

Je requiers donc :

1°. Qu'en vous conformant aux dispositions de l'arrêté du Directoire exécutif du 7 Frimaire, vous invitiez le Jury d'instruction publique, et les Professeurs de l'école centrale à proposer et vous soumettre le plan de la fête du 2 Pluviose et les discours, invocations à l'Être Suprême, et imprécations contre les parjures dont il est question dans l'article V de l'arrêté précité.

2°. Je vous invite à presser près des Administrations municipales, l'envoi des renseignemens que vous avez dû leur demander par votre circulaire du 11 Brumaire dernier, en vous conformant à celle du Ministre de l'intérieur du 20 fructidor an VI.

3°. Je vous engage à rédiger un réglement de police conforme pour les fêtes nationales prescrites par la loi du 3 Brumaire an IV.

4°. De désigner des jeux et exercices gymniques pour ces fêtes, et instituer des prix pour les vainqueurs.

5°. D'arrêter en principe que les jeunes gens qui auront montré le plus de zèle et fait le plus de progrès dans les écoles primaires seront, chaque année, couronnés à la fête de la jeunesse, que les agriculteurs les plus intelligens le seront à la fête de l'agriculture, que les citoyens qui se seront distingués par quelques traits d'humanité et d'héroisme, ou par les vertus qui inspirent l'exaltation de la piété filiale ou l'amour conjugal, le seront à la fête de la reconnoissance.

6°. Les Administrations municipales et leur secrétaire seront tenus de dresser procès-verbal de chaque fête nationale, et d'en envoyer la décade suivante expédition à l'Administration centrale, sous peine de suspension.

7°. Je vous invite à ordonner la stricte exécution des lois des 17 Thermidor et 13 Fructidor an VI, dont j'ai la triste expérience qu'on néglige partout l'observance.

8°. Le Jury d'instruction publique, réuni aux artistes les plus connus sera invité à tracer le plan des cérémonies du mariage, et de les entourer de tout l'éclat et la pompe qu'elles exigent, eu égard aux localités. L'antiquité nous fournit de beaux modèles en ce genre. Les artistes vous soumettront les dessins d'un autel consacré à l'hyménée.

9°. Dans chaque temple décadaire seront inscrits la déclaration des droits de l'homme et des devoirs du citoyen. Les noms des hommes qui ont illustré le département y seront gravés sur des tables de pierre; les noms des défenseurs de la patrie morts au champ d'honneur, et ceux enfin de tous les bienfaiteurs de l'humanité nés parmi nous.

10°. Les dessins qui auront remporté les prix dans notre école centrale, le tableau des noms des jeunes élèves couronnés dans les divers exercices publics, les modèles des machines ingénieuses qui économisent le temps et la main-d'œuvre, les chefs-d'œuvres en général des artistes y seront déposés, et leurs noms inscrits en lettres apparentes au bas, avec la datte de l'inscription.

11°. Dans les villes, les jeunes gens qui auront atteint leur quinzieme année seront admis tour à tour, et sur la présentation du Jury à lire ou réciter, quelques-uns des traits d'histoire des anciennes républiques qui ont illustré l'antiquité, et à les comparer à ceux dont la révolution nous fournit des exemples plus récents ; ils pourront également réciter des morceaux de poésie choisies, et des maximes de morale, cette faculté de paroitre en public doit être une récompense.

12°. Les Secrétaires des Administrations municipales seront tenus de rédiger le procès-verbal de chaque réunion décadaire, et d'en faire parvenir chaque mois copie à l'Administration centrale. Le manque de remplir cette formalité appellera la suspension contre les Agens.

Sur quoi ayant délibéré :

Considérant que la célébration des fêtes nationales est le plus ferme appui des institutions républicaines, et le complément de l'éducation publique.

Considérant que l'indifférence qui éloigne les citoyens de ces cérémonies est préjudiciable à la propagation des principes qui doivent faire aimer le régime de la liberté et de l'égalité :

Que l'exécution des lois des 3 Brumaire an IV, et des 17 Thermidor et 13 Fructidor an VI, tend à détruire l'influence dangereuse des erreurs et des préjugés.

Ouï de nouveau le Commissaire du directoire exécutif :

L'ADMINISTRATION centrale arrête ce qui suit :

TITRE Ier.

Dispositions générales pour la célébration des fêtes nationales.

ARTICLE PREMIER.

Tous les fonctionnaires et officiers publics en costume, tous les employés et salariés par le gouvernement, la garde nationale par détachement, les instituteurs, et institutrices publics et particuliers, accompagés de leurs élèves, sont tenus de se réunir au lieu des séances de chaque Administration municipale de canton, à l'heure qu'elle indiquera dans la matinée, pour célébrer les fêtes nationales décrétées par le corps législatif.

Art. II.

Chaque fête nationale sera annoncée la veille de sa célébration au son de la trompette ou du tambour dans toutes les communes du département.

Art. III.

Chaque Administration municipale arrêtera, suivant les localités, les détails de la fête : elle fera décorer le temple décadaire de la déclaration des droits de l'homme et des devoirs du citoyen, et d'emblêmes et inscriptions analogues au lieu et à l'objet de la réunion.

Art. IV.

L'Administration municipale dans une proclamation invitera tous les citoyens à se réunir par famille au temple décadaire : elle veillera à ce que la jeunesse dont la République a droit d'attendre des marques éclatantes d'un attachement inviolable à ses principes, ne manque pas de s'y rendre.

Art. V.

L'Administration centrale jalouse de la confiance de ses administrés, et toujours prête à témoigner sa satisfaction aux bons Citoyens, les invite à fréquenter les fêtes nationales; elle se persuade qu'ils ne s'en absenteront que pour des causes impérieuses.

Art. VI.

Le cortège réuni, comme il est dit à l'article Ier., au lieu des séances de l'Administration municipale, précédé de la musique, des détachemens de la force armée, etc. se rendra au temple décadaire ; l'Administration municipale choisira un ou deux citoyens chargés spécialement de surveiller les détails de l'exécution de la fête, et d'y maintenir, par une police sévère, l'ordre et la décence.

Art. VII.

Le président de l'Administration municipale ou le commissaire placé près d'elle ou tout autre fonctionnaire public, ou enfin tout citoyen avoué par l'Administration, ouvrira la cérémonie par un discours analogue à la fête qui sera terminée par des hymnes et des chants patriotiques.

Art. VIII.

Le reste de la journée sera partagé entre les danses, les jeux et des exercices propres à fortifier le corps et développer la force et l'adresse. Les jeunes gens se réuniront à cet effet pour s'exercer sous les yeux de leurs concitoyens, à la course, à la joûte, aux jeux de palets et de boule, au tire à la cible, etc. suivant les circonstances et les localités.

Les vainqueurs seront proclamés par le président de l'Administration municipale sur l'avis d'un jury formé de vieillards qu'elle nommera à cet effet; les vainqueurs ouvriront, s'ils le veulent, les danses qui termineront la journée.

Art. IX.

L'Administration centrale qui se repose sur le zèle des bons citoyens, les invite à se réunir pour former des souscriptions dont le montant servira à acheter les prix destinés aux vainqueurs.

Art. X.

Le procès-verbal de célébration de chaque fête nationale sera rédigé et envoyé dans la décade suivante au commissaire près l'Administration centrale : il contiendra le nom des fonctionnaires qui doivent se rendre à la fête, ainsi qu'il est dit par l'article premier, de ceux qui ne s'y sont pas trouvés, et des motifs de leur absence : il contiendra en outre les noms des vainqueurs aux divers exercices et des souscripteurs pour l'acquisition des prix.

TITRE II.

Dispositions particulières à chaque fête.

Article premier.

Les Administrations municipales se conformeront pour la fête du 2 Pluviose prochain, aux dispositions de l'arrêté du Directoire exécutif du 3 Frimaire dernier: Conformément à l'article V de

B

cet Arrêté, les Professeurs de l'École centrale présenteront dans les deux premières décades de Nivôse au plutard, à l'Administration du Département, l'invocation à l'Être-Suprême, et la formule des imprécations contre les parjures, qui seront aussi-tôt imprimées et envoyées dans les Cantons pour y être chantées ou récitées, le jour de l'anniversaire de la chûte du tyran.

Les Commissaires du Directoire exécutif près les Administrations municipales, sont spécialement chargés de requérir l'exécution de l'Arrêté précité.

Art II.

La fête de la Souveraineté du peuple se célèbre le 30 Ventôse dans toutes les Communes du Département. Les Administrations municipales sont requises de faire exécuter l'Arrêté du Directoire exécutif du 23 Pluviôse an VI qui en règle les cérémonies, de n'en négliger aucune capable d'inspirer l'amour de la patrie et l'attachement à la Constitution de l'an III, persuadées que les effets de la cérémonie auront de l'influence sur les opérations du premier Germinal.

Art. III.

La fête du 10 Germinal étant consacrée à la Jeunesse, les Administrations réuniront dans le temple décadaire, les élèves des Écoles primaires, et ceux d'entre eux qui auront, au rapport d'un Jury que l'Administration nommera pour cet examen, fait le plus de progrès, ceux qui auront montré le plus d'aptitude, etc. recevront des mains du Président une couronne de feuillage et un livre républicain : leurs noms seront inscrits dans le temple décadaire.

Art. IV.

Le 10 Floréal, les citoyens se réuniront dans le temple décadaire pour célébrer la fête des époux ; il sera, à cet effet, élevé dans ce temple un autel à l'Hymen où brûlera des parfums. Les jeunes époux de l'année s'y rendront tour-à-tour, et y déposeront une couronne de fleurs. La fête se terminera par un épithalame en l'honneur du Mariage, qui leur sera adressé par l'Administration centrale.

Art. V.

Les Administrations municipales sont chargées de former une liste de tous les citoyens qui se sont rendus ou qui se rendront recommandables par quelques actions vertueuses, quelques traits de courage ou d'humanité. Le jour du 10 Prairial étant consacré à la Reconnoissance, ces citoyens seront invités à se rendre au temple décadaire : là, en présence de leurs concitoyens, le président leur adressera un hommage public, leur donnera l'accolade fraternelle, et leur distribuera une couronne civique : leurs noms seront inscrits au temple.

Art. VI

Le 10 Messidor, les citoyens réunis au temple décadaire, en partiront pour se rendre dans un champ désigné ; le président et les membres de l'Administration auxquels se réuniront ceux de la Société d'Agriculture, suivront une charrue attelée de bœufs ou de chevaux, précédée des différents instrumens de l'art aratoire surmontés de faisceaux de gerbes.

Le président, après avoir tracé un sillon, fera un appel aux cultivateurs qui auront été jugés les plus habiles, les plus vertueux, ou qui auront adopté quelques cultures nouvelles. Il leur donnera l'accolade fraternelle, et leur distribuera une couronne d'épis. Ces cultivateurs seront reconduits en triomphe au temple décadaire où leurs noms seront inscrits en lettres apparentes.

Art. VII.

La fête du 14 juillet (*vieux style*) sera célébrée dans toutes les Communes du Département le 26 Messidor.

Les Administrations municipales veilleront à ce que tous les accessoires de cette fête retracent l'époque dont elle est commémorative : les perfidies des rois et le courage des patriotes devront y être rappellés au peuple d'une manière éclatante.

Art. VIII.

La journée du 10 Thermidor est consacrée à la Liberté. Après les discours analogues à l'objet de la réunion, le président de l'Administration municipale se mettra en marche avec le cortège, pour mettre le feu à un bûcher, dressé à cet effet sur la place la plus convenable. Il sera précédé d'un grouppe d'enfants portant des emblêmes allégoriques de la royauté, de l'anarchie, de l'orgueil, de la superstition et du vandalisme. Ces emblêmes seront déposés sur le bûcher et dévorés par les flammes.

Art. IX.

Les Administrations municipales se conformeront pour la célébration de la fête du 10 août, fixée au 23 Fructidor, à l'Arrêté du Directoire exécutif du 13 Thermidor an IV. Les cérémonies en sont tracées par ledit Arrêté, et les Administrations municipales sont invitées à les embellir de tous les détails que les localités permettent. Un sarcofage sera élevé dans le temple décadaire pour honorer la mémoire des patriotes morts en repoussant les attaques de la tyrannie.

Art. X.

La journée du 10 Fructidor étant consacrée à la Vieillesse, l'Administration municipale conduira avec pompe au temple décadaire douze des vieillards les plus recommandables du Canton: ils seront placés dans un lieu apparent et élevé, entourés de grouppes de jeunes enfants assis à leurs pieds. Le président de l'Administration distribuera aux vieillards des couronnes enlacées de feuilles chêne et de fleurs. Il sera suivi de jeunes gens des deux sexes, qui leur présenteront des corbeilles de fleurs et de fruits.

Art. XI.

Conformément à l'Arrêté du Directoire exécutif du 3 Fructidor an VI, l'Administration centrale charge les Administrations municipales de faire, chacune dans leur arrondissement, le programme de la fête du 18 Fructidor. « Son but est de rappeller au

» peuple que le royalisme et l'anarchie se sont constamment ca-
» chés sous tous les masques; qu'ils ont eu la plus grande part dans
» les évènemens qui ont amené le 1er Prairial, le 13 Vendémiaire
» et le 18 Fructidor; qu'ils mettent à profit toutes les circonstances
» pour opérer le renversement de la Constitution à laquelle la
» France doit tant de succès et de gloire, et qu'il faut une vigilance
» continuelle pour défendre la liberté contre leurs attaques réité-
» rées. »

Art. XII.

La fête du premier Vendémiaire devant sur-tout porter un caractère de solemnité imposant et conforme à la dignité de la grande Nation, un programme sera rédigé exprès chaque année, d'après les arrêtés du Directoire et les instructions du Ministre de l'Intérieur.

Art. XIII.

Chacune des fêtes nationales ci-dessus désignées, sera annoncée à l'avance aux Administrations municipales par une lettre de l'Administration centrale, qui se réserve par-là les moyens de leur prescrire les modifications que l'expérience, les ordres du Gouvernement ou les circonstances nécessiteront.

Art. XIV.

Les Administrations municipales se conformeront pour le surplus des détails des différentes fêtes de la République, aux dispositions prescrites par les articles I, II, III, IV, V, VI, VII, VIII, IX et X du titre Ier. du présent Arrêté.

TITRE III.
RÉUNIONS DÉCADAIRES.

Exécution des lois des 17 Thermidor et 13 Fructidor an VI.

Article premier.

Les administrations municipales sont tenues, sous leur responsabilité, et sous la surveillance des commissaires établis près d'elles, de se conformer strictement à l'exécution des lois des 17 Thermidor et 13 Fructidor an VI , et de fournir dans la décade qui suivra la notification du présent arrêté, à l'Administration centrale, les renseignemens qu'elle leur a demandés par sa circulaire du 11 Brumaire dernier.

Art. II.

Les Agents, Adjoints et Administrateurs municipaux, les Commissaires de police des Communes du Département sont tenus, sous leur responsabilité, de dresser des procès-verbaux des infractions auxdites lois, et de les adresser aux Commissaires du Directoire exécutif près les Administrations municipales, pour poursuivre les contrevenants.

Ils sont tenus en outre d'en informer le Commissaire près l'Administration centrale.

Art. III.

La célébration du mariage se fera avec toute la décence qui doit régner dans une cérémonie aussi auguste : les époux sur l'invitation du président de l'Administration municipale s'avanceront vers l'autel de l'hyménée, et y écouteront avec respect la formule de leur acte d'union.

Les artistes en peinture et sculpture présenteront à l'Administration centrale, le modèle d'un autel simple, mais de bon goût, pour ces cérémonies.

Art. IV.

Les jeunes élèves des écoles centrale, primaires et particulieres qui auront atteint leur quinzième année, seront admis à réciter ou à lire aux réunions décadaires des morceaux de poésie, des traits d'histoire, des maximes de morale, choisis par le Jury d'instruction publique et les professeurs de l'école.

Art. V.

Ces morceaux, lorsqu'ils en seront jugés dignes, seront imprimés et envoyés pour être lus dans chaque chef-lieu de canton, lors des réunions décadaires.

ART. VI.

Les artistes, amateurs ou élèves en sculpture, peinture, musique, ect. seront admis sur l'avis du Jury, les uns à exposer leurs ouvrages aux temples décadaires, les autres à s'y faire entendre.

ART. VII.

Le procès-verbal de chaque réunion décadaire sera rédigé et envoyé chaque mois, sous la responsabilité des présidens et secrétaires des Administrations municipales, à l'Administration centrale.

ART. VIII.

Les Administrations municipales, chacune dans leur arrondissement, sont chargées au reçu du présent arrêté, de rédiger un règlement de police intérieure pour la tenue des réunions décadaire, de manière que l'ordre, la décence et ce respect religieux qui doit en assurer le succès, y soient observés. Ces règlemens seront soumis à l'approbation de l'Administration centrale, pour être ensuite affiché dans le temple.

ART. IX.

La présente délibération sera imprimée et affichée dans toutes les communes du Département.

Il en sera envoyé des exemplaires au C^{en}. Ministre de l'Intérieur.

Signé au registre, DUVAL, *président* ; RAVERAT, BOUROTE, FEUGÉ, SISSOUS, *Administrateurs* ; et LŒILLEY, *Secrétaire en chef*.

Certifié conforme,
Le président de l'Administration,
DUVAL.
Par l'Administration,
Le Secrétaire en chef,
LŒILLEY.

A Troyes, chez F. MALLET, Imprimeur du Département, rue Moyenne, N°. 274.

52

www.ingramcontent.com/pod-product-compliance
Lightning Source LLC
Chambersburg PA
CBHW070537050426
42451CB00013B/3048